खेल खेल में

Monika Choudhary

BookLeaf Publishing
India | USA | UK

Made with ❤ on the BookLeaf Publishing Platform
www.bookleafpub.in
www.bookleafpub.com

Dedication

To my boys,
Kai & Kush

Preface

"There are no seven wonders of the world in the eyes of a child. There are seven million."
— Walt Steightiff

Through this collection of 'Hinglish' poems, I aim to capture the innocence and joy of childhood. The poems are inspired by the everyday moments of my two-year-old twins, Kai and Kush.

Like all parents, I hope to fill their lives with wonder and curiosity.

Acknowledgements

I love writing. It grounds me and let me be in the world of imagination.The world, I cherish the most.

I loved every bit of writing this book and this journey would not have been possible without the support of my loved ones.

I would like to express my gratitude to my husband, my rock, who always has my back.

To my boys, Kai and Kush. While they've completely ruffled our lives, I cherish this phase the most. Parenthood, I believe, is shaping me into a better person.

To my parents, who raised me to be independent and confident.

To my elder sister, Poornima, whose encouragement and unwavering support inspired me to write this book.

To my eldest sister, Anamika, for cultivating in me a love for reading and writing since childhood.

To the entire village of loving grandparents, and the occasional visits and calls from Masis, Mausas, Mama, Chacha, Bua, all cousins, and the Didis whom my children adore. You all fill my boys' childhood with affection and care.

Thank you!

1. बचपन

गीली मिट्टी की ख़ुशबू सा
सुबह कोयल की मधुर वाणी सा
नई-नई खिलती कली सा
सूरज की पहली किरण सा

जोक सुनकर ना बंद होने वाली हस्सी सा
गर्मियों की कुछ लास्ट बची हुई छुट्टियों सा
पहाड़ की संकरी गलियों सा
ठण्ड में गरमा-गरम चाय सा

माँ के हाथ की तेल की चंपी सा
पापा की आँखों में दिखती हुई प्राइड सा
पकड़म पकड़ाई और आँख मिचौली सा
शाम में संतोलिये के खेल सा

और अब आगे क्या कहूँ?, जाने कैसा होता है ये बचपन
खुल के इसे जी लो, अपनी बाहों में कस के भर लो
जब बचेंगे अंतिम कुछ क्षण
तब छोटी सी मुस्कान लाएगा ये बचपन।

2. काई

छोट्टी-सी नाक, दो बड़ी-बड़ी आँखें
कर्ली बाल, डिंपल वाले गाल
अपनी ही धुन में रहता, ये दो साल का बच्चा
नाम है इनका काई, मन भोला और एकदम सच्चा

उठने के बाद,थोड़ा अलसाते हैं
मुसकाना कम, पर हस्ते हैं तो खिलखिलाते हैं
मस्त मौला और हैं 'कूल ऐज़ ए कुकुम्बर'
गुस्सा जब आता है तो एकदम भयंकर

बुक्स है सबसे प्यारी
चाहे 'जंगलबुक' हो या 'सी एनिमल्स' की सवारी
खाने में है ठीक-ठाक पर खजूर से हो गया है इश्क़
ऐसा की ख़ुद के नाम में भी खजूर हो गया है मिक्स

म्यूज़िक से है प्यार पर डाँस से अति दुलार
डैडी डियर में हमारी जान है अटकी
कभी-कभी माँ को भी दिखाते हैं हरि झंडी
पर इन सबसे भी ज़्यादा पसंद है और कोई
नाम है उनका कुश, इनके जुड़वा भाई।

3. कुश

‘क्यूरियस कैट’ बोलो
या फिर 'जंपिंग मंकी'
कुछ भी कहो,
कहानी कुश की है कुछ ऐसी

बड़ी आँखें और आँखों में बहुत सारी मस्ती
स्माइल इतनी लंबी कि दिल को है छू जाती
फेवरेट हैं बुक्स के किस्से और कहानी
नंबर 1 बातूनी है और करते हैं बस अपनी मनमानी

‘कॉम्बो’ बॉय इनका हो सकता है दूसरा नाम
काजू-किशमिश-अंजीर चाहिए सब एक साथ
माँ के एकदम चिपकु हैं पर स्टोरीज पापा से ही सुननी हैं
पूनम दादी तो है फेवरेट हमारी, कभी-कभी इमली दादी से भी होती है
बातें प्यारी

नानी से बहुत है लाड़
‘औम् भूर्भुव्सव’ और ‘पम्प्ड अप किक्स’ से अति प्यार
पर इन सबसे भी ज्यादा पसंद है और कोई
नाम है उनका काई, इनके जुड़वा भाई।

4. बारिश

टिप-टिप बारिश हो रही
टप-टप छत्त टपक रही
दादी का छाता उढ़ गया
दादा का चश्मा भीग गया

कुक आंटी गीली हो गई
दीदी की तबीयत ढीली हो गई
सब जगह आ-छू आ-छू
क्रो छींकता काव-काव, काऊ करती मू-मू

पर एक पडल में चल रहा था छपक-छपक
दो बच्चे कर रहे थे मटक-मटक
कुश कूदता हुआ पानी में जा गिरा
काई मुँह खोलकर पानी पी रहा

उनको देखकर माँ ज़ोर से बोली
बेटा,घर आ जाओ
दोनों की फट से हस्सी छूट गई
बोले, माँ बाहर आ जाओ

माँ से सोचा कुछ देर
और फिर पहुँच गई नीचे
तीनो करते छपक-छपक
मस्ती में करते मटक-मटक।

5. तितली

बीच बगीचे में
फूल काँटो के पास
जाड़ियों के अंदर कहीं छुपी हुई
उसको देखकर काई की आँखें टिमटिमायी

और वो बोला -
पापा, फुलपाक्रु — माँ, तितली
पीली, काली, नरम पंखों वाली
छोट्टी-सी, प्यारी-सी और बहुत ही सुंदर
यहाँ उड़ना, वहाँ बैठना - ना कोई चिंता ना डर

काई और कुश किलकारी मारके भागते इधर-उधर
जैसे तितली को दबोच के लेकर जायेंगे घर
तितली यहाँ उड़ती, कुश वहाँ भागता
तितली वहाँ बैठती, काई वहाँ दौड़ता

कुछ लम्हों बाद,उसने एक लंबी उड़ान भरी
और उड़ते-उड़ते आसमान में खो गई
फिर से काई और कुश बीच बाग में
फूल कांटो के पास अपनी ही राग में।

6. म्यूज़िक

एक दौर ऐसा था
जब घर पर सिर्फ़ 'ॐ भूरभुवस्व' बजता था
फिर 'गणपति आरती' और 'माँ अम्बे' का शुरू हुआ गान
कुछ महीनों तक ये गाने थे काई और कुश की जान

कुछ समय बाद 'लकड़ी की काठी' और 'नानी तेरी मोरनी' की बजने लगी धुन
ये सुनकर थिरकते थे नानी के दोनों गुनगुन
आजकल चल रहा है 'पंप्ड अप किक्स' और 'एक मोटा हाथी'
ये सोंग्स है इनके हर वक्त के साथी

देखा जाए तो हर चीज़ में संगीत है
कोयल की कु-कु में, कवे की कांव-२ में
नानी की डाँट में, दादी के लाड़ में,
पापा की कहानियों में, माँ की अटखेलियों में

सोचती हूँ, समझ ने कई और कुश जीवन का ये राज़
की अपने ही धुन में चलती रहती है हर आवाज़
ऐसे ही ये दोनों हमेशा थिरकते रहे
हसी, मज़ाक़ और मस्ती से मचलते रहे।

7. स्विंग्स और स्लाइड्स

स्विंग का फ्लिंग!
कभी फ़ास्ट में आता है ब्लास्ट
कभी स्लो-स्लो करेंगे रो
कभी गोल-गोल घूमना, तो कभी डालम-डोल करना
कभी बैठे-बैठे खो जाना
कभी फट से ऊतरकर स्लाइड पे भाग जाना

स्लाइड स्लाइड!
लेफ्ट नहीं, जाना है राइट
एक ब्लू तो एक है ग्रीन
एक फैट तो एक है लीन
काई फट-फट ऊपर चढ़ता
कुश उल्टा होकर नीचे उतरता
सारे दीदी भैया को ऊपर नीचे करके
दोनों मस्ती करते वहाँ पसरके।

8. ब्राउन

ब्राउन कलर?
मुझे पूछा जाये तो मेरा कहना कुछ ऐसा होगा -
थोड़ा सैड टाइप, थोड़ा डार्क टाइप
थोड़ा थका, थोड़ा बूढ़ा

पर मेरा २ साल का बच्चा काई बोलेगा -
ब्राउननन!!!!
बहुत अच्छा
दादी के कुरते का कलर ब्राउन
'ब्री' डॉग भी ब्राउन
और मेरी आईज़ भी ब्राउन
माँ के बर्थडे का केक ब्राउन
और मेरी फेवरेट रागी इडली भी ब्राउन

अब जब सोचती हूँ तो लगता है
ब्राउन?
थोड़ा प्यारा टाइप
थोड़ा न्यारा टाइप
थोड़ा गहरा टाइप
थोड़ा मेरा टाइप।

9. द कॉम्बो बॉय

काजू-किशमिश तो मिक्स होता है
पर कहीं खजूर, काजू, किशमिश,अंजीर और बादाम काकॉम्बो सुना है क्या?
ऐपल और सिनेमन का तो मेल होता है
पर कभी ऐपल, बनाना और वालनट को एक साथ चुना है क्या?

एक सोप से तो दुनिया हाथ धोती है
पर २ सोप्स,मेक-अप रिमूवर और फेसवॉश को मिक्स करके नए क्लीनिंग फार्मूला का रास्ता बनाया है क्या?
हम तो सब मैंगो पीपल है
पर कुश 'द कॉम्बो बॉय' की ग्रेट पर्सनेलिटी से किसीने वास्ता करवाया है क्या?

10. मज़ा

मज़ा क्या होता है, जानी?
चलो बताते हैं काई-कुश की ज़ुबानी
चाक से ड्राइंग करने में है मज़ा
सोफे के ओर गोल-गोल गुमने है मज़ा

दादा को कड़वी दवाई खाते हुए देखने में मज़ा
दादी के दुपट्टे को घुमाने में मज़ा
माँ जब गुदगुदी करती है, तब आती है हस्सी
पापा जब बुक पढ़ाते हैं तो आती है अलग ही मस्ती

पेपर में ब्राउन कलर करने में है आनंद
खाने के साथ, खजूर बहुत है पसंद
स्कूटर फ़ास्ट-फ़ास्ट चलाने में है मज़ा
नीचे चलते-चलते, गोदी में गुस जाने में है मज़ा

मज़ा ही मज़ा है यहाँ
जहाँ देखो मस्ती वहाँ
चलता रहता है ऐसे ही हर दिन
गुनगुनाते रहते हम तारे गिन गिन।

11. चॉक के कलाकार

पीली, हरि, पिंक या नीली
हर रंग के यहाँ दिखेंगे आकार
नॉर्थसाइड के फ्लोर पे बनी है रंगों की होली
थैंक्स टू हमारे चॉक के कलाकार

हर तरह का चित्र है बना
कहीं सर्किल में सर्किल तो कहीं ट्रायंगल का रंग है जमा
पूनम दादी की बनी है कई कलायें
माथे पे बिंदी, सिंदूर और गले में मालाएँ

काई चित्र बनाता है
कुश उसमे रंग भरता है
फ़ेवराइट कलर्स है लाल और भूरा
पर सारी चॉक को रगड़ के बना देते हैं चूरा

कभी ऐसे ही कुछ बनाके
पूछते है 'ये हमने क्या बनाया?'
माँ-पापा एकदम हैरान रहके
बोलते हैं - 'वाह बेटा! क्या रंग जमाया है।'

12. बुक्स

बुक्स,बुक्स और बुक्स
काई-कुश को हर वक्त प्यारी है बुक्स
कभी 'जंगल सफारी' तो कभी 'सी एनिमल्स'
कभी 'ब्लूई' तो कभी 'अमाचीस ग्लासीज़'

कभी सुननी है बगीरा और मोगली की गुफ़्तगू
कभी होना है पिनोकियो से रूबरू
कभी 'कृष्णा' की अटखेलियां
तो कभी बुझाते है हनुमान की पहलियाँ

नई नवेली आई है 'राया' की कहानी
रवि, सिमु और ओरिन की ज़ुबानी
ऐसा चलता रहता है हर दिन
कभी एक बुक पढ़ेंगे, कभी एक साथ तीन

सोचती हूँ, ऐसा ही चलता रहे किताबों से प्यार
किताबें ही बनाती है एक सुंदर सा संसार।

13. कैसा था मेरा बचपन?

कैसा था मेरा बचपन?
सोचती हूँ तो एक मुस्कान सी आ जाती है
मेरा बचपन कुछ ऐसा था
सापसीडी की सीधी सीडी जैसा था

कड़कती गर्मी में बाहर क्रिकेट खेलना
रात को पाँच सिबलिंग्स के बीच एक रिमोट के लिए झूझना
कभी होता कोम्प्रोमाईज़ तो कभी होती लड़ाई
कभी मस्ती तो कभी पिटाई

गर्मियों की छुट्टियों में ननिहाल जाना
रात को स्ट्रीटलाइट लगा के संतोलिया खेलना
या फिर छोटू मामा के साथ मिलके खेलते ताश की पत्ती
कभी ३-२-५, कभी झूट तो कभी रमी की मस्ती

कुछ टाइम का होता नहीं था अता-पता
कभी मस्ती होती तो कभी कुछ ख़ता
एक लैंडलाइन पे होती दस लोगों की नज़र
हर फ्राइडे को ज़रूर देखनी होती दूरदर्शन पे पिक्चर

आज कल की दौड़ती ज़िंदगी में ढूँड रही हूँ कुछ ठहराव
जहाँ टाइम का पता नहीं हो और हस्सी से ही मिट जाये घाव
कहीं तो मिले वही बचपन का हल्ला-गुल्ला और मस्ती
कभी तो 'आई-फ़ोन' को छोड़कर दिल मचले सुनकर टेलीफोन की घंटी

ये दौर कुछ और है वो दौर कुछ और
तब था ज़माना लेस का अब चाहिए मोर
सोचती हूँ, बचपन हर एक लिए रहे इतना प्यारा
के उसके ख़याल से ही खिल जाये चेहरा।

14. नानी

सबसे अच्छी सबसे प्यारी
हैं हमारी नानी
कुछ भोली सी, कुछ है न्यारी
चलो सुनते उनकी कहानी

सुनीता है इनका नाम
काई और कुश का रहता है एक ही गान
नानी - ॐ भूरभुवस्व बोलो
नानी - नानी तेरी मोरनी बोलो

नानी के दोनों हैं गुनगुन
डांस करते हैं ठुमक-ठुमक
ना कोई त्योहार, ना कोई शगुन
मस्ती में करते हैं मटक-मटक

नानी, जल्दी से आ जाओ हमारे पास
एक नहीं तुम दो-दो बच्चों की हो खास
हम करते हैं आपसे बहुत प्यार
हस्सी, ख़ुशी और दुलार।

15. दादा

सफ़ेद बाल, सफ़ेद गाल
स्लो चाल, एकदम मस्त है हाल

ये है हमारे दादा
प्यारा सा मन, स्वभाव सीधा-सादा
महेंद्र इनका है नाम
चिल करना है इनका काम

काई और कुश जब आते हैं
दादा कभी घोड़ा, कभी मंकी बन जाते हैं
कभी उछलते-कूदते हैं
कभी चेहरे बनाकर हसाते हैं

दादा का फेवरेट शब्द है - नो
नो नो नो नो, ये नो, वो नो
सीढ़ी पे नहीं चढ़ना, स्लाइड पे नहीं जाना
अर्रे यहाँ से नहीं कूदना, वहाँ से नहीं जम्प करना

काई दादा के हैं ख़ास
कुश कभी दूर कभी पास
दादा की गोदी दोनों को बड़ी प्यारी
ये तो बड़ी स्लो और मस्त है सवारी

सुबह शाम आते हैं दादा
कभी नहीं भूलते अपना वादा
दादा दादा, तुम हमें हो बहुत प्यारे
सबसे खास सबसे न्यारे।

16. पूनम दादी

बड़ी सी बिंदी और लाल सिंदूर
वेवी बाल और चेहरे पे है नूर
चश्मा लगा है उनको गोल गोल
मीठी सी वाणी, और मीठे बोल

पहनावा है उनका सलवार कमीज़
सबसे इंपोर्टेंट है उनके लिए तमीज़
उनके दुपट्टे से खेलते हैं बच्चे
कभी सर पे, कभी गले में लेकर घूमते है आगे पीछे

बच्चों का फेवरेट हैं दादी का हलवा
पूरा चट कर जाते हैं, ऐसा है जलवा
सूजी और आटे के मिक्स से बना
कुछ और डालो तो नहीं है खाना

कुश की फेवरेट है पूनम दादी
खूब करता है उनके साथ मस्ती
काई घूमता है उनके आस पास
दादी की गोदी है उसकी ख़ास

हर सुबह पूनम दादी आती है
फिर स्पीकर पे गाना सुनाती है
लंच पे इनके नखरे झेलती हैं
और बनाना लेके इनके आगे पीछे घूमती हैं

काई और कुश को लगती है बहुत प्यारी
पूनम दादी, मस्ती और स्नेह की सवारी
हर जगह, उनको चाहिए दादी
ऐसी प्यारी है दादी-पोते की यारी!

17. दीदी

काई कुश की फेवरेट हैं दीदी
रूही दीदी, सबसे प्यारी
अंजली दीदी, बड़ी स्मार्ट नारी
रानी दीदी, कुछ सॉफ्ट कुछ न्यारी

चायोस में
आशा दीदी की क्या स्माइल है
अंकिता दीदी के चस्मे से दिखती लाइट है
नई-नई आई है सोनल दीदी
और कभी कभी आती है स्ट्रिक्ट 'गुमनाम' दीदी

ब्लू टोकाई वाली
प्रतीक्षा दीदी लाती है 'स्क्रैम्बल्ड एग्स'
शबनम दीदी बनाती है कॉफ़ी बेस्ट

नेचर्स बास्केट हो या स्टार बाज़ार, सब जगह है दीदी
और तो और, विवेक दादा के घर पे भी दीदी
जहाँ भी होता है काई कुश का जाना
बजता है वहाँ पे ज़रूर दीदी का गाना।

18. आपका नाम क्या है?

आपका नाम क्या है?
पूछता है दो साल का काई
मेरा नाम शकुंतला है
बोलती है ७० साल की दादी

क्या? शकु - डा-ला.....हाहाहा
कुश बोला, नहीं शकुन....तारा
ये चलता रहा कुछ १० बार
दादी और पोते हो गए हंस के जार जार।

19. हैप्पी बर्थडे

आज किसका बर्थडे है?
मैंने बोला, “मामा का”
उसने टुकुर-टुकुर बड़ी-बड़ी आँखों से देखा
और बोला, “बर्थडे है काई और कुश का”

ऐसे बोलते ही
चार पैर करने लग गए मटक-मटक
बर्थडे टोपी पहनी
और केक काटने के लिए मामा के दोनों हाथों पे गए लटक

कैंडल्स बुजा दी, केक काट ली
हैप्पी बर्थडे सॉंग गा लिया और लपक के केक भी खा लिया
इससे पहली की माँ कुछ बोलती
दूसरे रूम में चली गई दोनों की टोली

हैप्पी बर्थडे गाना ज़ोर ज़ोर से बज रहा था
काई, कुश और मामा का नाच गाना चल रहा था
सोची हूँ, हर ओकेशन ये यूँही मानते रहे
कुछ गाना हर वक्त गुनगुनाते रहे।

20. गोवा

चले काई और कुश करने गोवा की सवारी
संग चले माँ, पापा, नानी, मामा, नील, मौसा और मासी
मौक़ा कुछ ऐसा था
इनके डैडी का चालीसवा बर्थडे था

बीच पे नानी के साथ
बहुत हुआ खेलना
कुश करता रहा नानी से बात
काई का चलता रहा बीच पे भागना

चालीसवा बर्थडे कुछ ऐसा बीता
नट्स वाला केक काटा, एकदम नैचुरली मीठा
होटल की सीढ़ियों पे बच्चों के पीछे भागते रहे
पार्टी-वार्टी कुछ नहीं, हम बस संभलते-२ ख़ुद फिसलते रहे

लगा काई और कुश को, यही तो है पार्टी
बीच पे मिट्टी से खेलना और पूरे दिन बजाना सबकी घंटी
जब भी पूछती हूँ - गोवा चलेंगे?
दोनों सिर हिलाके बोलते हैं - हाँ माँ पार्टी करेंगे।

21. गाँव

किसी ने बात कही है सही
बच्चे की परवरिश में पूरा गाँव लगता है भाई
मैंने बोला गाँव नहीं, हमें चाहिए शहर
ये सिंगल नहीं, ट्विंस का है घर

छह बजे उठने वाले ये प्राणी दो
दूध पाँच सेकंड लेट होने पर, मच जाता है भयंकर शोर
सुबह सात बजे आती है रानी दीदी
छोट्टी-सी, प्यारी सी, है इंसान बड़ी सीधी साधी

फिर आना होता है कूकू आँटी का
उबासी लेती हुई, ऐसा लगता है सैर करके आई है चौपाटी का
झटपट चलने वाली आठ बजे आती है अंजलि
बड़ी रेस्पोंसिबल है पर थोड़ी है मनचली

माँ का होता फिर फटफट ऑफिस जाना
और दादा-दादी का हमारी बिल्डिंग में आना
एक घंटे बच्चों की सैर कराके
पापा खिलाते हैं ब्रेकफास्ट वापस आके

उसके बाद आती है पूनम दादी की बारी
नहा-धो के सुलाने की उनकी ज़िम्मेदारी
बीच में आती है वंदना आंटी
पूरे घर की जमके करती है सफ़ाई

सोकर उठते है बच्चे जब
लंच की बारी आ जाती है तब
कभी खिचड़ी, कभी पराठा
जो भी हो, कम से कम लगाते है एक घंटा

फिर टाइम आता है धमा-चौकड़ी का
बुक्स पढ़ने का, बॉल से खेलने का
ऐसे ही हो जाती है शाम
और फिर डिनर करने का बजता है अलार्म

शाम की सैर सपाटे की सवारी
है महेंद्र दादा, बड़े दादा और इमली दादी की ज़िम्मेदारी
नीचे घूम के आते है एक घंटा
तब तक पहुँच जाते हैं माँ और पापा

फिर पूरा गाँव कहता है अलविदा, गुरु!
और माँ-पापा का काम होता है शुरू
स्टोरी पढ़ाके, दूध पिलाके, और ऑफ करके लाइट
हम सब कहते हैं 'गुड नाईट'।

www.ingramcontent.com/pod-product-compliance
Lightning Source LLC
La Vergne TN
LVHW050827051026
849532LV00008B/3156